O PRINCÍPIO DE PETER

PONTOS-CHAVE

- **Nome:** O Princípio de Peter.

- **Utilizações:** gestão de recursos humanos e de desempenho, desenvolvimento do potencial humano.

- **Por que é bem-sucedido?** O seu sucesso é incerto porque depende dos indivíduos e das organizações.

- **Palavras-chave:**

  - Competência: conhecimentos e *know-how* necessários para a máxima eficiência em uma dada posição.

  - Eficiência: sinônimo de excelência, a capacidade de um empregado de executar certas tarefas com recursos limitados (tempo, dinheiro etc.).

  - Hierarquia: estrutura de autoridade dentro de uma organização.

  - Promoção: nomeação de um trabalhador para um nível superior dentro de uma organização.

INTRODUÇÃO

Ao considerar o princípio de Peter, é particularmente importante perceber que este modelo, embora esclarecedor em muitas situações dadas, vem de um livro

O PRINCÍPIO DE PETER

Dizer NÃO à incompetência no trabalho

O PRINCÍPIO DE PETER

Dizer NÃO à incompetência no trabalho

escrito por Gabriel Verboomen
traduzido por Alva Silva

50MINUTES.com

satírico e, portanto, deve ser usado com cautela ao estabelecer fatos científicos. No contexto de hierarquias cada vez mais fortes dentro das organizações, há a questão da promoção interna. Deverá a competência de um funcionário ser o critério dominante para determinar a ascensão hierárquica? Como pode este nível de competência ser medido? Será que um empregado eficiente é necessariamente para um bom organizador?

 ## DEFINIÇÃO DO MODELO

O princípio de Peter afirma que se um empregado estiver trabalhando eficientemente a um determinado nível hierárquico, será promovido para o nível seguinte acima e assim por diante, até atingir o nível em que é ineficiente. Se ele não puder ser despromovido, isto significa que todas as estruturas evoluem naturalmente para um equilíbrio de maior ineficiência.

Embora, à primeira vista, o princípio possa parecer absurdo, ele levanta algumas questões relativas à gestão de recursos humanos. Quem deve ser promovido para o bem tanto do indivíduo como da empresa? E sob que condições isto deve ser feito para aumentar a eficiência global?

TEORIA

 ## LAURENCE JOHNSON PETER
(EDUCADOR E PSICÓLOGO CANADIANO, 1919-1990)

Depois de se formar em 1958 na Universidade de Western Washington State, Laurence J. Peter, originalmente de Vancouver, rapidamente se tornou professor enquanto prosseguia com seus estudos em psicologia e ciências da educação, nos quais obteve o grau de doutor em 1963. Dirigiu, então, o Centro Evelyn Frieden e atuou como conselheiro de programas que passaram por dificuldades na Universidade de Southern California em 1966.

O seu primeiro livro, *Ensinamento Prescritivo*, foi publicado em 1965, mas só com a publicação de *O Princípio de Peter* (1969), escrito em colaboração com Raymond Hull (escritor canadense, 1919-1985), é que ele se tornou conhecido.

AS HIPÓTESES DO PRINCÍPIO DE PETER

O princípio de Peter, como todos os modelos econômicos, baseia-se em hipóteses que são úteis para investigar. Se olharmos apenas para as mais importantes, estas incluem (mas não estão limitadas) as hipóteses descritas abaixo.

- A estrutura hierárquica de uma empresa tem, naturalmente, a forma de uma pirâmide. Esta visão simplificada mostra os níveis hierárquicos estritamente definidos: os trabalhadores básicos são liderados por alguns gestores, que são eles próprios geridos por ainda menos executivos superiores e assim por diante.

- Os postos de trabalho são rígidos e incluem tarefas definidas: o trabalhador atribuído a um posto de trabalho executa um certo número de tarefas. Se ele não realizar o trabalho esperado, simplesmente não será realizado. Se ele for bem-sucedido, não lhe serão atribuídas outras tarefas. A este respeito, contudo, nota-se que estas descrições estruturais datam de uma determinada época e, atualmente, as empresas são organizações muito mais flexíveis que trabalham a partir de um projeto ou rede, por exemplo.

- A hipótese mais forte e mais controversa é a que o livro refere como a "hipótese de Peter". O nível de competência exigido para uma posição hierárquica superior é completamente independente da competência exigida para uma posição hierarquicamente inferior. Se um funcionário é o mais adequado para uma posição e é promovido a um nível superior, o seu nível de competência após essa promoção é completamente imprevisível.

Segundo Jean-Paul Delahaye (cientista informático e matemático francês, nascido em 1952), se aceitarmos estes pressupostos simplistas, estamos logicamente assumindo que todas as promoções têm uma tendência para reduzir o desempenho de um empregado devido a dois efeitos, os quais podemos observar abaixo.

- **O efeito de catraca:** o retrocesso é impossível, pois um empregado não pode ser despromovido. Se ele for competitivo, continuará subindo a escada e não permanecerá em uma posição em que seja eficiente. O movimento continuará efetivamente até ele atingir um nível muito elevado, no qual já não seja eficiente. O funcionário fica, então, preso a este nível e não pode ser despromovido nem continuar subindo.

- **O efeito estatístico da regressão para a média (do princípio da distribuição estatística):** durante um acontecimento aleatório "normal", a probabilidade de obter um resultado próximo da média é maior do que obter um resultado muito alto ou muito baixo. Assim, a empresa que tem a sorte de poder contar com um empregado que está bem acima da média e decide mudar a sua posição, determina mais uma vez a competência do empregado com uma boa probabilidade de alcançar um resultado médio.

Por trás das hipóteses do princípio de Peter reside uma verdade inconveniente: com o tempo, cada posição é cada vez mais susceptível de ser ocupada por um empregado incompetente, enquanto que quanto mais alta for uma posição na hierarquia, mais importante é para o desempenho global da estrutura. Isto não significa que a base da pirâmide seja menos essencial para o bom funcionamento do negócio do que o topo, é de fato o contrário. Em termos simples, se aceitarmos a estrutura piramidal e colocarmos igual ênfase em cada nível, uma posição tem mais importância para o desempenho global quando há menos posições dentro desse nível. Por exemplo, se houver dois gestores para cinco empregados, a competência individual do gestor é responsável por 50% do desempenho do seu nível hierárquico, enquanto o desempenho individual de cada empregado é responsável apenas por 20%.

Nas hipóteses do princípio de Peter, particularmente a do efeito catraca, parece claro que "cada empregado tende a subir ao seu nível de incompetência", de modo que o equilíbrio natural de uma estrutura é que cada posição é ocupada por alguém que não pode suportar as responsabilidades.

OS EMPREGADOS INCOMPETENTES

Este princípio foi concebido por Laurence J. Peter como parte de uma ciência completa de organizações a que ele chamou 'hierárquica'.

Isto procura fornecer aplicações concretas e confronta o seu modelo com a realidade das organizações que observou. Evidentemente, ele assinala exceções ao princípio. Por exemplo, os mais competentes nem sempre são promovidos. Ele destaca vários casos em que são promovidos funcionários incompetentes e explica o porquê.

* **Sublimação poderosa ou pseudodesenvolvimento:** esta estratégia, que promove um empregado incompetente a um nível superior, serve principalmente

para manter a esperança de todos os outros que acreditam que também podem ser promovidos um dia. Isto é perigoso porque é apenas uma ilusão para as pessoas que não fazem parte da hierarquia.

- **Arabesco lateral:** promove um empregado incompetente a uma nova e inútil posição com um título mais grandioso para limitar os danos que ele pode causar na sua posição atual.

- **Reversão de Peter:** neste caso, a promoção de um empregado incompetente deve-se mais ao cumprimento de normas impostas pela hierarquia do que à sua eficiência. O efeito final e os meios são invertidos, uma vez que as normas existem para aumentar a produtividade e dar valor tanto ao cumprimento das normas como à produtividade.

- **Desfolhação hierárquica:** para evitar que os trabalhadores notem o absurdo do sistema e decidam não cumprir, a empresa favorece a promoção de um trabalhador incompetente.

SINAIS DA ÚLTIMA POSIÇÃO

Segundo Peter, os sinais de incompetência, ou os sinais de esconder a incompetência dos outros e de si próprio, são fáceis de detectar. Estes são chamados de "sinais da última posição": no entanto, dão a ilusão de realização profissional.

- **Classefilia:** da palavra grega 'classis' (que significa 'categoria' ou 'classe'), esta é uma obsessão desnecessária com a classificação para dar (a si próprios) a ilusão de que estão fazendo um trabalho importante.

- **Tabula do gigantismo:** refere-se ao empregado incompetente que quer o maior escritório.

- **Papiromania:** da palavra grega 'papyros' ('papel') e da palavra latina 'mania' ('loucura' ou 'obsessão'), este é um sinal de um empregado incompetente que acumula papelada – daí a aparente desordem – para dar a impressão de que está extremamente ocupado.

- **Papirofobia:** das palavras gregas 'papyros' ('papel') e 'fobos' ('fobia'), é um sinal de um empregado incompetente que não pode tolerar qualquer papel no seu espaço de trabalho. Se o escritório for organizado, os colegas, superiores, e talvez até o próprio empregado, acreditarão que o trabalho está sendo feito de forma eficiente.

- **Fonofilia:** das palavras gregas 'telefone' ('voz') e 'filosofia' ('amigo'), este é um sinal de incompetência que envolve culpar a falta de contato com colegas e subordinados e instalar múltiplos telefones e gravadores no escritório. Desde que esta ideia surgiu pela primeira vez em 1969, este 'sinal' deveria, provavelmente, ser reformulado com base nas tecnologias atuais.

- **Rigor Cartis:** de origem latina, indica um interesse obsessivo em gráficos e diagramas que dão a ilusão de controle sobre as situações.

- **Siglomania inicial:** das palavras latinas 'sigla' (que significa 'marcas' ou 'abreviaturas') e 'mania' (que significa 'loucura' ou 'obsessão'), este é um sinal onde o empregado incompetente falará usando iniciais e acrônimos incompreensíveis com pessoal novato, para dar a impressão de profissionalismo. Ele vai complicar as coisas à medida que tiver prazer na importância que isto lhe dá.

- **Estruturofilia:** da palavra latina 'estrutura' ('arranjo', 'construção') e da palavra grega 'filosofia' ('amigo'), isto implica desfrutar do trabalho em uma determinada estrutura. O trabalhador incompetente que mostrar provas deste sinal ficará obcecado com a ordem e manutenção do edifício onde trabalha, em detrimento de desfrutar do próprio trabalho.

- **Síndrome de Flutter:** o trabalhador incompetente raramente toma decisões e permite-lhe esperar muito tempo antes de ser processado.

- **Tabula anormal:** da palavra latina 'tabula' ('prato' ou 'mesa'), isto é um sinal de incompetência onde o empregado utiliza equipamento de escritório diferente e estranho.

Contudo, Peter qualifica as suas declarações explicando que, felizmente para o funcionamento dos nossos modelos políticos, sociais e econômicos, todas as posições no topo da hierarquia não são necessariamente ocupadas por funcionários incompetentes. De fato, nesta clarificação do princípio, ele realça o fato de que a estrutura hierárquica de uma organização é frequentemente muito pequena para que todas as pessoas competentes – embora isto não seja uma falha muito grande, pois caso contrário sofreriam de desfoliação hierárquica – atinjam o seu potencial. No entanto, nota que os superiores competentes são frequentemente perseguidos por organizações maiores, onde são de novo capazes de subir até que eles também atinjam o seu nível de incompetência.

LIMITAÇÕES E EXTENSÕES

LIMITAÇÕES E CRÍTICAS

Os limites do modelo são óbvios assim que se consideram as hipóteses em que ele se baseia.

- Neste momento, uma organização não é frequentemente tão simples como a estrutura em pirâmide descrita por Peter. Na maioria das vezes, um funcionário que coordena outros não é promovido. Os vários departamentos estão em pé de igualdade, pelo menos em teoria. A descentralização e o empoderamento são encorajados e há uma tendência para reduzir a hierarquia vertical direta. Este fenômeno chama-se "a aplanação das pirâmides". Talvez seja precisamente uma das formas contemporâneas de evitar os efeitos do princípio de Peter que têm origem em uma época em que a hierarquia era mais rígida.

- Uma posição já não é congelada. Se um funcionário incompetente for nomeado para um cargo e não assumir as suas responsabilidades, é provável que muitas das funções sejam progressivamente atribuídas a outro cargo.

- A questão da motivação é também problemática, uma vez que algumas competências demonstradas pelo trabalhador podem advir desta situação. De fato, o trabalhador pode ser eficiente a um nível da hierarquia, em parte devido à motivação. Se ele continuar este entusiasmo, é provável que adquira mais facilmente as novas competências necessárias para o novo cargo, tornando-o mais eficiente.

- A realidade atual do volume de negócios é impressionante, uma vez que se estima que um jovem que entra no mercado de trabalho é susceptível a mudar a sua função ou negócio aproximadamente cinco vezes.

- Finalmente, a hipótese mais questionável de Peter é que a competência mostrada em uma posição é inerentemente independente da competência provada em uma posição anterior. Outros investigadores, tais como os físicos italianos Alessandro Pluchino, Andrea Rapisarda, e o sociólogo Cesare Garofalo no seu artigo *The Peter Principle Revisited: um estudo computacional*, oferece uma perspectiva revisitada do famoso princípio, afirmando a hipótese oposta. Chamam-lhe "a hipótese do senso comum": a competência em uma posição mais alta depende da competência mostrada em uma posição mais baixa e é aumentada ou diminuída em cerca de 10%.

Os testes empíricos de incompetência desenvolvidos por Peter também podem não ser fiáveis. De fato, os sintomas incluem tantos comportamentos diferentes que não podemos, como alguns fazem, usá-los como suposta prova do princípio de Peter. Se considerarmos o valor intrínseco de certas hipóteses, seremos eventualmente confrontados com situações como esta: a pessoa que gosta muito de organização ou que é muito autoritária é incompetente, mas a pessoa que não está suficientemente organizada ou não é autoritária é também incompetente. Se o excesso é sempre uma coisa má, a maioria dos sintomas alegados pode ser originalmente entendida como qualidades. É também a razão pela qual um empregado incompetente adota estas atitudes – mas ao extremo – para tentar esconder a sua incompetência. Por fim, o princípio de Peter é incontrolável e o tom satírico que ele usa no seu trabalho sugere que não tem nenhuma reivindicação científica real.

MODELOS E EXTENSÕES RELACIONADAS

O princípio de Peter faz parte de um conjunto de "leis" do mesmo tipo, de estilo mais ou menos humorístico, que descrevem o mundo empresarial com um certo cinismo e cujo rigor científico não é a sua maior preocupação. No entanto, algumas delas salientam as realidades desafiadoras com que a maioria das organizações tem que lidar de forma eficaz.

Lei de Parkinson

Entre estes, em particular, há a lei de Parkinson (1955), do historiador britânico Cyril Northcote Parkinson (1909-1993), que afirma que a obra está sempre espalhada de modo a preencher o tempo disponível para a pessoa responsável pela obra. Por extensão, podemos imaginar que todos os recursos disponíveis para o projeto são utilizados, quer sejam tempo, dinheiro, mão de obra etc. Há duas consequências subjacentes a esta lei, as quais estão descritas a seguir.

- **Aumento de subordinados.** Se um empregado não completar um projeto, só tem duas opções: ou pode descarregar uma parte do trabalho, dando-o a alguém que possa tornar-se um potencial rival, ou pode solicitar o apoio dos seus subordinados. Na maioria dos casos, é escolhida a segunda opção, em primeiro lugar para proteger a sua posição e, em segundo lugar, para aumentar a sua importância. É de notar que ele irá assegurar-se de ter vários subordinados, de modo a dividir cada tarefa. Desta forma, uma vez que nenhum deles é capaz de executar toda a tarefa, ninguém se tornará um rival potencial.

- **Aumento da carga de trabalho.** Quer se trabalhe com pessoas no mesmo nível ou subordinados, o fato é que quando há várias pessoas trabalhando, a carga de trabalho aumenta. Muitas vezes é preciso tanto tempo para coordenar a tarefa quanto para fazer o trabalho. Como há quase sempre alguém na equipe que tem dificuldade em delegar e assume mais responsabilidades, o trabalho acabará por se retificar para corresponder ao que uma pessoa poderia ter produzido sozinha. Em última análise, para produzir o mesmo trabalho – como apenas uma pessoa teria produzido – é necessária uma equipe inteira dedicada a ele e seria gasto um tempo adicional para coordenar todas estas pessoas.

O Princípio de Dilbert

Mencionaremos também o princípio Dilbert, derivado de uma história em quadrinhos epônima de Scott

Adams (cartonista americano, nascido em 1957). Segundo ele, os funcionários incompetentes são imediatamente promovidos e tornam-se gestores, mesmo que nunca tenham demonstrado quaisquer habilidades especiais. Este princípio é ainda mais radical do que o princípio de Peter, uma vez que pressupõe que confiamos conscientemente funções de gestão a empregados incompetentes, para que não possam causar qualquer dano. Isto, naturalmente, pressupõe que a gestão é sempre inútil.

Do mesmo modo, podemos citar o ditado popular que "quem pode, faz; quem não pode, ensina".

Embora não lhes possamos chamar 'modelos' – porque não são científicos –, estes princípios mostram alguma resistência empírica ao desempenho teórico dos modelos econômicos. Devemos desistir destes modelos – cujos limites conhecemos na realidade – e considerar a concessão de promoções ao acaso?

APLICAÇÃO PRÁTICA

Os estudos de caso em que o princípio de Peter está trabalhando são numerosos e inexistentes ao mesmo tempo. São numerosos, pois cada um de nós consegue facilmente imaginar uma situação em que um empregado incompetente é promovido, reconhecendo os sinais descritos por Peter entre os nossos colegas ou superiores. Quanto a dizer que eles provam realmente incompetência, essa é outra questão. É bastante difícil, e a maioria dos gestores de recursos humanos sabem medir o desempenho de um empregado. Da mesma forma, os empregados tenderão, frequentemente, a encontrar a sua incompetência superior porque é mais fácil criticar os outros do que assumir a responsabilidade. Na maioria das vezes, a literatura apresenta casos em que a incompetência é reivindicada, mas vem de pouco mais do que a imaginação dos apoiantes do princípio de Peter. Neste sentido, os exemplos de casos reais são inexistentes.

ESTUDO DE CATANIA

Em vez de contar anedotas, Alessandro Pluchino, Andrea Rapisarda e Cesare Garofalo, no seu artigo *The Peter Principle Revisited: um estudo computacional*, preferiram tentar uma forma diferente de abordar o modelo na realidade. Utilizaram uma simulação computacional da evolução da estrutura da pirâmide, variando as hipóteses de promoção. O seu artigo revelou descobertas espantosas, ganhando-lhes um Prêmio IgNobel de Economia, uma paródia do Prêmio Nobel, que recompensa a pesquisa mais inusitada. No entanto, o seu estudo é muito sério e a natureza bizarra dos resultados reforça o pensamento e as hipóteses humorísticas desenvolvidas por Peter.

Definição de uma organização fictícia

Assim, em um programa de computador (usando Netlogo, uma linguagem de programação especificamente concebida para conduzir a simulação multiagente para testar diferentes aspectos da teoria do jogo), criaram uma organização fictícia composta por seis níveis hierárquicos (contendo 81, 41, 21, 11, 5 e 1 agentes, respectivamente). Cada agente caracteriza-se por uma idade compreendida entre os 18 e os 60 anos e um nível de habilidade de 1 a 10.

No início da simulação, as idades e os níveis de competências são determinados aleatoriamente com base na distribuição estatística acima descrita.

DISTRIBUIÇÃO ESTATÍSTICA "NORMAL"

Uma distribuição estatística dá uma forte probabilidade de resultados próximos da média - arbitrariamente fixada em 0 no gráfico - e uma probabilidade cada vez mais baixa à medida que tentamos obter um resultado que se afaste do topo ou da base. Esta é considerada a forma de probabilidade que melhor descreve a realidade de grandes amostras e, por definição, encontramos muito mais eventos médios do que eventos excepcionais.

Simulação

Uma vez estabelecida a situação inicial, a simulação pode começar. Em cada turno do jogo, a idade dos agentes é aumentada. Cada agente que atinge os 60 desaparece e as lacunas são preenchidas através da promoção de agentes dos níveis inferiores. As lacunas no nível mais baixo são preenchidas pela adição de novos agentes cujas idades e competências são determinadas de forma aleatória.

Quando um agente muda de nível, a sua competência também muda de acordo com as duas hipóteses testadas:

- **a hipótese de Peter.** O novo nível de competência é completamente aleatório;

- **a hipótese do senso comum.** O novo nível de competência mostra um aumento ou diminuição máximo de 10% em comparação com o nível anterior.

Em ambos os casos, é necessário medir o desempenho global do sistema, o que corresponde ao desempenho médio de todos os níveis. Nota-se que quanto mais um empregado subir a escada, mais o seu desempenho individual deverá aumentar.

Naturalmente, a questão que se coloca aos investigadores é a mesma que se coloca a qualquer gestor: quem deve ser promovido? Para cada hipótese, os investigadores testaram três tipos de promoção:

- promover o melhor empregado;

- promover o empregado mais incompetente;

- promover um empregado selecionado aleatoriamente.

Resultados

Muito rapidamente, o desempenho do sistema atingiu um ponto de equilíbrio.

Sob a hipótese do senso comum, não há verdadeira surpresa. Um bom desempenho geral é alcançado quando as melhores pessoas são promovidas e um desempenho geral ruim quando pessoas incompetentes são promovidas. A promoção aleatória não tem um grande impacto no desempenho global.

Por outro lado, se olharmos para a hipótese de Peter, uma conclusão surpreendente – que é o oposto da encontrada pelos investigadores italianos vencedores do IgNobel – é clara: temos que promover os empregados incompetentes. De fato, se deslocar um trabalhador pobre para um nível superior, há uma boa chance de ele ser substituído por alguém melhor do que ele, sendo a maioria dos agentes média. Além disso, o desempenho dos trabalhadores pobres será "repetido", sorteado de novo, através do seu reposicionamento, com uma boa probabilidade de obter de novo um resultado médio. E se a oportunidade levar a um resultado ruim, ele continuará avançando para a passo seguinte. Assim, a promoção dos trabalhadores mais incompetentes é a conclusão lógica da hipótese de Peter. Então, como é o caso da hipótese do senso comum, o acaso permanece neutro. Quanto à promoção dos melhores empregados, funciona exatamente como Peter descreveu: impulsiona todos para o seu nível de incompetência, tornando o desempenho global defeituoso.

Conclusão

Portanto, ou Peter tem razão e só podemos aconselhar os gestores a promover os piores trabalhadores, ou aceitamos que a competência a um nível superior é uma simples variação de competência a níveis inferiores e a promoção dos melhores trabalhadores continua sendo a solução preferida.

CONSELHO

Globalmente, Peter aborda o problema de uma forma muito estática e simplista. Por que a competência para uma determinada posição deve ser considerada uma constante? Se o sistema de gestão de recursos humanos em vigor for eficaz, as medidas de desempenho regulamentar devem ser seguidas de entrevistas com funcionários e formação de pessoal para aumentar a eficiência do seu trabalho.

Naturalmente, isto apresenta várias desvantagens, como podemos observar abaixo.

- Em primeiro lugar, precisamos de indicadores-chave de desempenho relevantes para determinar a qualidade do trabalho de forma tão objetiva quanto possível. No caso de um vendedor, seria suficiente, por exemplo, medir simplesmente o número de potenciais clientes que entraram na loja (cada vez mais lojas estão instalando sensores para este fim), o montante cobrado pelo vendedor e a relação entre os dois. No entanto, o cálculo do desempenho é mais arriscado quando se trata de medir a qualidade do trabalho produzido por um funcionário público ou por um funcionário de escritório. O próprio Peter, quando fala de incompetência, dá a impressão de que se baseia mais em um sentimento generalizado do que em indicadores específicos.

- Em segundo lugar, um sistema eficaz de recursos humanos e formação são mais difíceis de implementar e mais caros do que simplesmente medir o desempenho dos funcionários e promover diretamente o funcionário certo com base na experiência passada.

Quer a hipótese de Peter seja verdadeira ou não, os gestores podem considerar a hierarquia de duas formas opostas:

- se cada função e as competências com ela relacionadas forem claramente definidas, é muito mais simples implementar indicadores-chave de desempenho e avaliar o desempenho;

- se, pelo contrário, deixar deliberadamente alguma incerteza quanto às tarefas que cada empregado deve realizar, é muito mais fácil libertar um trabalhador de algumas das tarefas para as quais ele não é competente, mas isto tem um impacto considerável na eficiência.

Além disso, é possível tornar os trabalhadores mais móveis, removendo o efeito de catraca. As demonstrações são mais comuns do que Peter parece acreditar.

Quando a hipótese de Peter não se mantém

Se a hipótese Peter não for verificada, então o sistema de senso comum – que envolve a promoção dos melhores trabalhadores – é geralmente criado por organizações se forem totalmente eficientes. Tem a dupla vantagem de motivar os trabalhadores a se esforçarem por terem um melhor desempenho na esperança de obter uma promoção, poupando dinheiro à organização na formação, uma vez que eles próprios farão todos os esforços para adquirir o nível de competência necessário para a posição superior.

Quando a hipótese de Peter se aplica

Por outro lado, é muito mais problemático se a hipótese de Peter se revelar verdadeira. Se os trabalhadores mais incompetentes forem promovidos, isto deve ser feito de forma discreta devido ao risco de desmotivação dos trabalhadores. É igualmente necessário concentrar-se nos incentivos financeiros e abster-se de utilizar o sistema de promoções como recompensa.

Esta forma de considerar e dar promoções tem as suas limitações, uma vez que gera custos significativos para a organização e não encontra a pessoa mais adequada para o cargo.

Finalmente, se a hipótese de Peter corresponder à realidade das organizações e o efeito de catraca for tão fixo quanto ele acredita, a única solução real é apoiar os empregados da forma mais eficaz possível, medindo as competências necessárias, motivando-os e treinando-os. Isto custa muito mais à organização do que se a única competição experimentada entre empregados os tornasse competentes a todos os níveis da hierarquia.

RESUMO

- O princípio desenvolvido por Laurence J. Peter e Raymond Hull aparece em uma obra satírica intitulada *O Princípio de Peter* de 1969, uma época em que as empresas, perante um ambiente estável e economicamente sólido, visavam o crescimento e o desenvolvimento da sua estrutura e, por conseguinte, geriam inevitavelmente as promoções.

- O princípio baseia-se na seguinte hipótese: todas as organizações promovem funcionários competentes até atingirem uma posição em que não possam desempenhar de forma competente e da qual não possam ser afastadas; a organização avança, portanto, para uma incompetência generalizada.

- A contribuição cabe, principalmente, aos gestores que precisam saber como gerir os movimentos do seu pessoal a fim de melhorar o desempenho global da sua organização. Para tal, devem assegurar o desenvolvimento de competências e inteligência coletiva, pois ninguém é perfeito, mas uma equipe pode ser.

- As hipóteses do modelo causam controvérsia, particularmente a hipótese de que as competências necessárias para uma nova posição não dependem das que se veem na posição anterior.

- Outras leis, incluindo a lei de Parkinson sobre a tendência natural das organizações para se tornarem eventualmente ineficazes, apontam na mesma direção que o princípio de Peter.

- Aconselhamento:
  - se a hipótese Peter não se mantiver, contar com o bom senso e promover os melhores empregados;
  - se a hipótese de Peter se confirmar:
    - promover os piores empregados sem dar reconhecimento público;
    - dar incentivos financeiros sem alterar o papel dos empregados;
    - observar cada empregado individualmente e operar movimentos dentro do mesmo nível hierárquico.

LEITURA ADICIONAL

BIBLIOGRAFIA

Blary, J-L. (1999) Le principe de Peter. *Lettre d'ADELI.* Volume 36.

Delahaye, J-P. (2011) Le principe de Peter. *Pour la science.* Volume 407, pp. 82-87.

Peter, L. J. e Hull, R. (2011) *Le Principe de Peter ou pourquoi tout va toujours mal.* [2ª edição]. Paris: Librairie Générale Française.

Pluchino, A., Rapisarda, A. e Garofalo, C. (2010) The Peter Principle Revisited: Um Estudo Computacional. *Física A: A Mecânica Estatística e suas Aplicações.* 3(389), pp. 467-472. [Online]. Acessado em 18 de julho de 2014]. Disponível em: <http://arxiv.org/pdf/0907.0455v3.pdf>

FONTES ADICIONAIS

Site *Dilbert* por Scott Adams. Disponível em: <http://www.dilbert.com/>

Queremos ouvir você!
Deixe um comentário sobre a sua biblioteca online
e compartilhe os seus livros favoritos nas redes sociais!

IMPROVE YOUR GENERAL KNOWLEDGE

IN THE BLINK OF AN EYE!

www.50minutes.com

Mestre ISBN: 9782808065504
Papel ISBN: 9782808065795
Depósito legal: D/2022/12603/108

Desenho digital: Primento,
o parceiro digital dos editores.